다라니(진언)
사경 9

KB220169

재앙을 소멸하고
복을 부르는 진언

운주사

머리말

진언眞言은 '거룩하고 참된 말'이라는 뜻으로 산스크리트어 만트라mantra를 번역한 것이다. 주呪, 신주神呪라고도 번역한다. 진언을 다라니dharani라고도 하는데, 다라니는 '모든 선함을 기억하여 지니고, 모든 악함을 일어나지 않게 막는다'는 의미로 총지總持, 능지能持, 능차能遮라 번역하기도 한다.

불교에서 진언은 수행의 한 방편으로 매우 중요시하였는데, 진언을 반복해서 외우거나, 진언 자체를 관하는 명상을 하거나, 정성껏 받아쓰는 등의 수행을 통하여 물질적·정신적 장해들을 극복하며, 마음을 정화하고 지혜를 얻어 궁극에는 깨달음에 도달하게 된다고 보았다.

진언 수행의 가장 일반적인 형태는 이를 반복해서 외우는 것이다. 외우는 방법에는 입으로 외우는 방법과 이를 정성껏 받아쓰며 외우는 방법이 있다. 다만 진언 사경은 입으로 외우는 것보다 시간이 더 걸린다는 점이 다르다. 그만큼 사경은 입으로 외우는 것보다 정성과 노력을 더 필요로 하는 수행인 것이다.

사경이란

사경은 부처님의 말씀을 옮겨 쓰는 것으로, 기도 수행의 한 방법이다. 즉 사경은 몸과 마음을 정갈히 가다듬고 부처님 말씀을 한 자 한 자 정성껏 옮겨 쓰는 수행 과정을 통해 불보살님의 가피를 받아 신심과 원력이 증장하고 바라는 소원이 성취되며, 늘 기쁨이 충만한 삶을 살다가 목숨을 마치고는 극락왕생하는 데 그 목적이 있다.

사경의 의의

부처님의 말씀은 경전을 통하여 우리에게 전해지고 있다. 따라서 경전의 말씀은 단순한 글자가 아니라 부처님이 깨달으신 진리를 상징하고 있다. 진리 자체는 문자로 나타낼 수 없지만 문자를 떠나서도 진리를 전하기 어렵다. 그러므로 경전에 쓰인 문자는 부처님께서 중생들을 진리로 인도하시려는 자비심의 상징이기도 하다.

사경을 통하여 우리는 부처님의 말씀을 보다 차분하게 깊이 이해할 수 있을 뿐 아니라, 정성을 다하여 사경하는 행위 그 자체가 훌륭한 수행이 된다는 사실을 알아야 한다. 그래서 옛 수행자들은 자신의 피로 사경을 하기도 하고, 한 글자를 쓸 때마다 삼배의 예를 올리기도 하였던 것이다.

이와 같이 사경은 부처님 말씀을 이해하고 자신의 마음을 맑히는 훌륭한 수행이자, 스스로의 정성을 부처님께 공양 올리는 거룩한 불사佛事라고 할 수 있다.

진언 사경의 공덕

부처님께서는 『법화경』, 『반야경』 등 여러 경전에서 사경의 공덕이 매우 수승하다고 말씀하신다. 예컨대 사경의 공덕은 무수한 세월 동안 부처님께 재물을 보시한 공덕보다 뛰어나고 탑을 조성하는 공덕보다 수승하다는 것 등이다. 진언(다라니) 사경에는 다음과 같은 공덕이 있다.

1. 몸과 마음이 평안해지고 신심과 지혜가 증대된다.
2. 현세를 살아가며 마주치는 모든 재난을 이겨내고 삿된 기운을 물리친다.
3. 전생부터 지금까지 지은 모든 업장이 소멸된다.
4. 바라는 바를 원만하게 성취할 수 있다.
5. 부처님 가르침을 기억하여 잊지 않게 되고, 기억력이 좋아져 머리가 총명해진다.

6. 마음이 편안하고 안정되어 부처님 마음과 감응하여 삼매를 성취할 수 있다.
7. 모든 불자들이 바라는 깨달음을 빨리 얻을 수 있다.
8. 하는 일이 잘되며, 어려운 일이 해결된다.
9. 현실의 물질적, 정신적 어려움이 사라진다.
10. 맺힌 원결들이 풀어지고 주변에 좋은 인연들이 모여든다.
11. 불보살님이 항상 가피해 주신다.
12. 선망 조상들과 인연 있는 이들뿐 아니라 스스로도 극락왕생한다.
13. 늘 기쁘고 행복하며, 자비심이 생겨 만나는 이들에게도 행복을 전해 준다.

사경하는 순서

다음은 사경을 하는 일반적인 순서이다. 하지만 오로지 진실한 마음이 중요한 것이니, 크게 구애받지 말고 상황에 따라 적절히 실행하면 된다.

1. 몸과 마음을 정갈히 가다듬는다.
2. 사경할 준비를 하고 초를 켜거나 향을 피운다.
3. 3배를 올리고 사경 발원문을 봉독한다.
4. 개인적인 발원을 올린다.
5. 정성껏 사경을 한다.(1자1배, 1자3배를 하기도 한다)
6. 모든 공덕을 중생들에게 회향하는 보회향진언으로 사경을 마무리한다.
7. 3배를 올리고 마친다.

＊사경을 처음 시작할 때 언제까지 몇 번을 쓰겠다고 불보살님께 약속하고 시작하는 것이 좋다. 도중에 나태해지거나 그만 두는 것을 예방할 수 있기 때문이다. 1,000번, 3,000번, 10,000번 등 자신의 신심에 따라 발원하면 된다.

사경 발원문

참 진리의 고향이시자 중생을 구원하시는 대자대비하신 부처님!

시작 없는 전생에서부터 오늘에 이르기까지 제가 지은 모든 죄업을 부처님 전에 참회하나이다.

제가 이제 몸과 말과 뜻으로 부처님께 지극한 마음으로 귀의하며 사경의식을 봉행하오니, 이 인연 공덕으로 살아 있는 모든 생명의 행복과 해탈을 축원하옵니다. 또한 저와 인연 있는 이들이 다생겁래로 지어온 모든 업장이 소멸되고 바라는 모든 발원이 원만히 성취되게 하시어 감사하고 행복한 삶을 살다가, 끝내는 깨달음의 문을 열게 해주소서. 또한 선망 조상님과 여러 인연 있는 영가들이 극락왕생하여 영원한 행복을 누리게 하소서!

개인 발원문 (각자 바라는 발원을 적고 읽는다.)

불기   년   월   일

사경 제자 _____   공경 합장

재앙을 소멸하고 복을 부르는 진언

『재앙을 소멸하고 복을 부르는 진언』은 안 좋은 일들은 모두 사라지고 좋은 일만 가득하여 삶이 평탄하고 행복하기를 바라는 간절한 마음을 담은 진언이다. 제목 그대로, 재앙을 소멸시키고 길하고 상서로운 일들을 가져다주는 「불설소재길상佛說消災吉祥다라니」를 지성으로 사경하면 불보살님의 가피를 입어 복된 삶을 살아갈 수 있을 것이다.

기도 수행의 기본은 참회와 업장소멸이다. 무시이래로 모르고 지었거나 알고 지은 모든 죄와 업장을 참회하고 소멸해야만 기도의 가피를 받을 수 있다. 몸과 마음을 깨끗이 정화해야 새로운 기운을 받을 수 있기 때문이다. 어느 진언을 사경하든 가능하면 ①죄업을 참회하는 진언과 ②업장을 소멸하는 진언을 먼저 사경하기 바란다.

불설소재길상佛說消災吉祥다라니

나모 사만다 못다남 아바라지 하다사 사나남 다냐타 옴 카카 카헤카헤 훔훔 아바라아바라 바라아바라 바라아바라 디따 디따 디리디리 빠다빠다 선디가 시리예 사바하

사경 시작한 날 : 불기 _____년 ____월 ____일

불설소재길상佛說消災吉祥다라니

나모 사만다 못다남 아바라지 하다사 사나남
다냐타 옴 카카 카혜카혜 훔훔 아바라아바라
바라아바라 바라아바라 디따 디따 디리디리
빠다빠다 선디가 시리예 사바하

001 나모 사만다 못다남 아바라지 하
다사 사나남 다냐타 옴 카카 카혜
카혜 훔훔 아바라아바라 바라아
바라 바라아바라 디따 디따 디리
디리 빠다빠다 선디가 시리예 사
바하

002 나모 사만다 못다남 아바라지 하
다사 사나남 다냐타 옴 카카 카혜
카혜 훔훔 아바라아바라 바라아

바라 바라아바라 디따 디따 디리
디리 빠다빠다 선디가 시리예 사
바하

003 나모 사만다 못다남 아바라지 하
다사 사나남 다냐타 옴 카카 카혜
카혜 훔훔 아바라아바라 바라아
바라 바라아바라 디따 디따 디리
디리 빠다빠다 선디가 시리예 사
바하

004 나모 사만다 못다남 아바라지 하
다사 사나남 다냐타 옴 카카 카혜
카혜 훔훔 아바라아바라 바라아
바라 바라아바라 디따 디따 디리
디리 빠다빠다 선디가 시리예 사
바하

005 나모 사만다 못다남 아바라지 하
다사 사나남 다냐타 옴 카카 카혜
카혜 훔훔 아바라아바라 바라아
바라 바라아바라 디따 디따 디리
디리 빠다빠다 선디가 시리예 사
바하

006 나모 사만다 못다남 아바라지 하
다사 사나남 다냐타 옴 카카 카혜
카혜 훔훔 아바라아바라 바라아
바라 바라아바라 디따 디따 디리
디리 빠다빠다 선디가 시리예 사
바하

007 나모 사만다 못다남 아바라지 하
다사 사나남 다냐타 옴 카카 카혜
카혜 훔훔 아바라아바라 바라아

바라 바라아바라 디따 디따 디리
디리 빠다빠다 선디가 시리예 사
바하

008 나모 사만다 못다남 아바라지 하
다사 사나남 다냐타 옴 카카 카혜
카혜 훔훔 아바라아바라 바라아
바라 바라아바라 디따 디따 디리
디리 빠다빠다 선디가 시리예 사
바하

009 나모 사만다 못다남 아바라지 하
다사 사나남 다냐타 옴 카카 카혜
카혜 훔훔 아바라아바라 바라아
바라 바라아바라 디따 디따 디리
디리 빠다빠다 선디가 시리예 사
바하

010 나모 사만다 못다남 아바라지 하
다사 사나남 다냐타 옴 카카 카혜
카혜 훔훔 아바라아바라 바라아
바라 바라아바라 디따 디따 디리
디리 빠다빠다 선디가 시리예 사
바하

011 나모 사만다 못다남 아바라지 하
다사 사나남 다냐타 옴 카카 카혜
카혜 훔훔 아바라아바라 바라아
바라 바라아바라 디따 디따 디리
디리 빠다빠다 선디가 시리예 사
바하

012 나모 사만다 못다남 아바라지 하
다사 사나남 다냐타 옴 카카 카혜
카혜 훔훔 아바라아바라 바라아

바라 바라아바라 디따 디따 디리
디리 빠다빠다 선디가 시리예 사
바하

013 나모 사만다 못다남 아바라지 하
다사 사나남 다냐타 옴 카카 카혜
카혜 훔훔 아바라아바라 바라아
바라 바라아바라 디따 디따 디리
디리 빠다빠다 선디가 시리예 사
바하

014 나모 사만다 못다남 아바라지 하
다사 사나남 다냐타 옴 카카 카혜
카혜 훔훔 아바라아바라 바라아
바라 바라아바라 디따 디따 디리
디리 빠다빠다 선디가 시리예 사
바하

015 나모 사만다 못다남 아바라지 하
다사 사나남 다냐타 옴 카카 카혜
카혜 훔훔 아바라아바라 바라아
바라 바라아바라 디따 디따 디리
디리 빠다빠다 선디가 시리예 사
바하

016 나모 사만다 못다남 아바라지 하
다사 사나남 다냐타 옴 카카 카혜
카혜 훔훔 아바라아바라 바라아
바라 바라아바라 디따 디따 디리
디리 빠다빠다 선디가 시리예 사
바하

017 나모 사만다 못다남 아바라지 하
다사 사나남 다냐타 옴 카카 카혜
카혜 훔훔 아바라아바라 바라아

바라 바라아바라 디따 디따 디리
디리 빠다빠다 선디가 시리예 사
바하

018 나모 사만다 못다남 아바라지 하
다사 사나남 다냐타 옴 카카 카혜
카혜 훔훔 아바라아바라 바라아
바라 바라아바라 디따 디따 디리
디리 빠다빠다 선디가 시리예 사
바하

019 나모 사만다 못다남 아바라지 하
다사 사나남 다냐타 옴 카카 카혜
카혜 훔훔 아바라아바라 바라아
바라 바라아바라 디따 디따 디리
디리 빠다빠다 선디가 시리예 사
바하

020 나모 사만다 못다남 아바라지 하
다사 사나남 다냐타 옴 카카 카혜
카혜 훔훔 아바라아바라 바라아
바라 바라아바라 디따 디따 디리
디리 빠다빠다 선디가 시리예 사
바하

021 나모 사만다 못다남 아바라지 하
다사 사나남 다냐타 옴 카카 카혜
카혜 훔훔 아바라아바라 바라아
바라 바라아바라 디따 디따 디리
디리 빠다빠다 선디가 시리예 사
바하

022 나모 사만다 못다남 아바라지 하
다사 사나남 다냐타 옴 카카 카혜
카혜 훔훔 아바라아바라 바라아

바라 바라아바라 디따 디따 디리
디리 빠다빠다 선디가 시리예 사
바하

023 나모 사만다 못다남 아바라지 하
다사 사나남 다냐타 옴 카카 카혜
카혜 훔훔 아바라아바라 바라아
바라 바라아바라 디따 디따 디리
디리 빠다빠다 선디가 시리예 사
바하

024 나모 사만다 못다남 아바라지 하
다사 사나남 다냐타 옴 카카 카혜
카혜 훔훔 아바라아바라 바라아
바라 바라아바라 디따 디따 디리
디리 빠다빠다 선디가 시리예 사
바하

025 나모 사만다 못다남 아바라지 하
다사 사나남 다냐타 옴 카카 카혜
카혜 훔훔 아바라아바라 바라아
바라 바라아바라 디따 디따 디리
디리 빠다빠다 선디가 시리예 사
바하

026 나모 사만다 못다남 아바라지 하
다사 사나남 다냐타 옴 카카 카혜
카혜 훔훔 아바라아바라 바라아
바라 바라아바라 디따 디따 디리
디리 빠다빠다 선디가 시리예 사
바하

027 나모 사만다 못다남 아바라지 하
다사 사나남 다냐타 옴 카카 카혜
카혜 훔훔 아바라아바라 바라아

바라 바라아바라 디따 디따 디리
디리 빠다빠다 선디가 시리예 사
바하

028 나모 사만다 못다남 아바라지 하
다사 사나남 다냐타 옴 카카 카혜
카혜 훔훔 아바라아바라 바라아
바라 바라아바라 디따 디따 디리
디리 빠다빠다 선디가 시리예 사
바하

029 나모 사만다 못다남 아바라지 하
다사 사나남 다냐타 옴 카카 카혜
카혜 훔훔 아바라아바라 바라아
바라 바라아바라 디따 디따 디리
디리 빠다빠다 선디가 시리예 사
바하

030
나모 사만다 못다남 아바라지 하
다사 사나남 다냐타 옴 카카 카혜
카혜 훔훔 아바라아바라 바라아
바라 바라아바라 디따 디따 디리
디리 빠다빠다 선디가 시리예 사
바하

031
나모 사만다 못다남 아바라지 하
다사 사나남 다냐타 옴 카카 카혜
카혜 훔훔 아바라아바라 바라아
바라 바라아바라 디따 디따 디리
디리 빠다빠다 선디가 시리예 사
바하

032
나모 사만다 못다남 아바라지 하
다사 사나남 다냐타 옴 카카 카혜
카혜 훔훔 아바라아바라 바라아

바라 바라아바라 디따 디따 디리
디리 빠다빠다 선디가 시리예 사
바하

033 나모 사만다 못다남 아바라지 하
다사 사나남 다냐타 옴 카카 카혜
카혜 훔훔 아바라아바라 바라아
바라 바라아바라 디따 디따 디리
디리 빠다빠다 선디가 시리예 사
바하

034 나모 사만다 못다남 아바라지 하
다사 사나남 다냐타 옴 카카 카혜
카혜 훔훔 아바라아바라 바라아
바라 바라아바라 디따 디따 디리
디리 빠다빠다 선디가 시리예 사
바하

035 나모 사만다 못다남 아바라지 하
다사 사나남 다냐타 옴 카카 카혜
카혜 훔훔 아바라아바라 바라아
바라 바라아바라 디따 디따 디리
디리 빠다빠다 선디가 시리예 사
바하

036 나모 사만다 못다남 아바라지 하
다사 사나남 다냐타 옴 카카 카혜
카혜 훔훔 아바라아바라 바라아
바라 바라아바라 디따 디따 디리
디리 빠다빠다 선디가 시리예 사
바하

037 나모 사만다 못다남 아바라지 하
다사 사나남 다냐타 옴 카카 카혜
카혜 훔훔 아바라아바라 바라아

바라 바라아바라 디따 디따 디리 디리 빠다빠다 선디가 시리에 사 바하

⁰³⁸ 나모 사만다 못다남 아바라지 하 다사 사나남 다냐타 옴 카카 카혜 카혜 훔훔 아바라아바라 바라아 바라 바라아바라 디따 디따 디리 디리 빠다빠다 선디가 시리에 사 바하

⁰³⁹ 나모 사만다 못다남 아바라지 하 다사 사나남 다냐타 옴 카카 카혜 카혜 훔훔 아바라아바라 바라아 바라 바라아바라 디따 디따 디리 디리 빠다빠다 선디가 시리에 사 바하

040 나모 사만다 못다남 아바라지 하
다사 사나남 다냐타 옴 카카 카혜
카혜 훔훔 아바라아바라 바라아
바라 바라아바라 디따 디따 디리
디리 빠다빠다 선디가 시리예 사
바하

041 나모 사만다 못다남 아바라지 하
다사 사나남 다냐타 옴 카카 카혜
카혜 훔훔 아바라아바라 바라아
바라 바라아바라 디따 디따 디리
디리 빠다빠다 선디가 시리예 사
바하

042 나모 사만다 못다남 아바라지 하
다사 사나남 다냐타 옴 카카 카혜
카혜 훔훔 아바라아바라 바라아

바라 바라아바라 디따 디따 디리
디리 빠다빠다 선디가 시리예 사
바하

043 나모 사만다 못다남 아바라지 하
다사 사나남 다냐타 옴 카카 카혜
카혜 훔훔 아바라아바라 바라아
바라 바라아바라 디따 디따 디리
디리 빠다빠다 선디가 시리예 사
바하

044 나모 사만다 못다남 아바라지 하
다사 사나남 다냐타 옴 카카 카혜
카혜 훔훔 아바라아바라 바라아
바라 바라아바라 디따 디따 디리
디리 빠다빠다 선디가 시리예 사
바하

045 나모 사만다 못다남 아바라지 하
다사 사나남 다냐타 옴 카카 카혜
카혜 훔훔 아바라아바라 바라아
바라 바라아바라 디따 디따 디리
디리 빠다빠다 선디가 시리예 사
바하

046 나모 사만다 못다남 아바라지 하
다사 사나남 다냐타 옴 카카 카혜
카혜 훔훔 아바라아바라 바라아
바라 바라아바라 디따 디따 디리
디리 빠다빠다 선디가 시리예 사
바하

047 나모 사만다 못다남 아바라지 하
다사 사나남 다냐타 옴 카카 카혜
카혜 훔훔 아바라아바라 바라아

바라 바라아바라 디따 디따 디리
디리 빠다빠다 선디가 시리예 사
바하

⁰⁴⁸ 나모 사만다 못다남 아바라지 하
다사 사나남 다냐타 옴 카카 카혜
카혜 훔훔 아바라아바라 바라아
바라 바라아바라 디따 디따 디리
디리 빠다빠다 선디가 시리예 사
바하

⁰⁴⁹ 나모 사만다 못다남 아바라지 하
다사 사나남 다냐타 옴 카카 카혜
카혜 훔훔 아바라아바라 바라아
바라 바라아바라 디따 디따 디리
디리 빠다빠다 선디가 시리예 사
바하

050
나모 사만다 못다남 아바라지 하
다사 사나남 다냐타 옴 카카 카혜
카혜 훔훔 아바라아바라 바라아
바라 바라아바라 디따 디따 디리
디리 빠다빠다 선디가 시리예 사
바하

051
나모 사만다 못다남 아바라지 하
다사 사나남 다냐타 옴 카카 카혜
카혜 훔훔 아바라아바라 바라아
바라 바라아바라 디따 디따 디리
디리 빠다빠다 선디가 시리예 사
바하

052
나모 사만다 못다남 아바라지 하
다사 사나남 다냐타 옴 카카 카혜
카혜 훔훔 아바라아바라 바라아

바라 바라아바라 디따 디따 디리
디리 빠다빠다 선디가 시리예 사
바하

⁰⁵³ 나모 사만다 못다남 아바라지 하
다사 사나남 다냐타 옴 카카 카혜
카혜 훔훔 아바라아바라 바라아
바라 바라아바라 디따 디따 디리
디리 빠다빠다 선디가 시리예 사
바하

⁰⁵⁴ 나모 사만다 못다남 아바라지 하
다사 사나남 다냐타 옴 카카 카혜
카혜 훔훔 아바라아바라 바라아
바라 바라아바라 디따 디따 디리
디리 빠다빠다 선디가 시리예 사
바하

055 나모 사만다 못다남 아바라지 하
다사 사나남 다냐타 옴 카카 카혜
카혜 훔훔 아바라아바라 바라아
바라 바라아바라 디따 디따 디리
디리 빠다빠다 선디가 시리예 사
바하

056 나모 사만다 못다남 아바라지 하
다사 사나남 다냐타 옴 카카 카혜
카혜 훔훔 아바라아바라 바라아
바라 바라아바라 디따 디따 디리
디리 빠다빠다 선디가 시리예 사
바하

057 나모 사만다 못다남 아바라지 하
다사 사나남 다냐타 옴 카카 카혜
카혜 훔훔 아바라아바라 바라아

바라 바라아바라 디따 디따 디리
디리 빠다빠다 선디가 시리예 사
바하

058 나모 사만다 못다남 아바라지 하
다사 사나남 다냐타 옴 카카 카혜
카혜 훔훔 아바라아바라 바라아
바라 바라아바라 디따 디따 디리
디리 빠다빠다 선디가 시리예 사
바하

059 나모 사만다 못다남 아바라지 하
다사 사나남 다냐타 옴 카카 카혜
카혜 훔훔 아바라아바라 바라아
바라 바라아바라 디따 디따 디리
디리 빠다빠다 선디가 시리예 사
바하

060 나모 사만다 못다남 아바라지 하
다사 사나남 다냐타 옴 카카 카혜
카혜 훔훔 아바라아바라 바라아
바라 바라아바라 디따 디따 디리
디리 빠다빠다 선디가 시리예 사
바하

061 나모 사만다 못다남 아바라지 하
다사 사나남 다냐타 옴 카카 카혜
카혜 훔훔 아바라아바라 바라아
바라 바라아바라 디따 디따 디리
디리 빠다빠다 선디가 시리예 사
바하

062 나모 사만다 못다남 아바라지 하
다사 사나남 다냐타 옴 카카 카혜
카혜 훔훔 아바라아바라 바라아

바라 바라아바라 디따 디따 디리
디리 빠다빠다 선디가 시리예 사
바하

063 나모 사만다 못다남 아바라지 하
다사 사나남 다냐타 옴 카카 카혜
카혜 훔훔 아바라아바라 바라아
바라 바라아바라 디따 디따 디리
디리 빠다빠다 선디가 시리예 사
바하

064 나모 사만다 못다남 아바라지 하
다사 사나남 다냐타 옴 카카 카혜
카혜 훔훔 아바라아바라 바라아
바라 바라아바라 디따 디따 디리
디리 빠다빠다 선디가 시리예 사
바하

065 나모 사만다 못다남 아바라지 하
다사 사나남 다냐타 옴 카카 카혜
카혜 훔훔 아바라아바라 바라아
바라 바라아바라 디따 디따 디리
디리 빠다빠다 선디가 시리예 사
바하

066 나모 사만다 못다남 아바라지 하
다사 사나남 다냐타 옴 카카 카혜
카혜 훔훔 아바라아바라 바라아
바라 바라아바라 디따 디따 디리
디리 빠다빠다 선디가 시리예 사
바하

067 나모 사만다 못다남 아바라지 하
다사 사나남 다냐타 옴 카카 카혜
카혜 훔훔 아바라아바라 바라아

바라 바라아바라 디따 디따 디리
디리 빠다빠다 선디가 시리예 사
바하

068 나모 사만다 못다남 아바라지 하
다사 사나남 다냐타 옴 카카 카혜
카혜 훔훔 아바라아바라 바라아
바라 바라아바라 디따 디따 디리
디리 빠다빠다 선디가 시리예 사
바하

069 나모 사만다 못다남 아바라지 하
다사 사나남 다냐타 옴 카카 카혜
카혜 훔훔 아바라아바라 바라아
바라 바라아바라 디따 디따 디리
디리 빠다빠다 선디가 시리예 사
바하

070 나모 사만다 못다남 아바라지 하
다사 사나남 다냐타 옴 카카 카혜
카혜 훔훔 아바라아바라 바라아
바라 바라아바라 디따 디따 디리
디리 빠다빠다 선디가 시리예 사
바하

071 나모 사만다 못다남 아바라지 하
다사 사나남 다냐타 옴 카카 카혜
카혜 훔훔 아바라아바라 바라아
바라 바라아바라 디따 디따 디리
디리 빠다빠다 선디가 시리예 사
바하

072 나모 사만다 못다남 아바라지 하
다사 사나남 다냐타 옴 카카 카혜
카혜 훔훔 아바라아바라 바라아

바라 바라아바라 디따 디따 디리
디리 빠다빠다 선디가 시리예 사
바하

073 나모 사만다 못다남 아바라지 하
다사 사나남 다냐타 옴 카카 카혜
카혜 훔훔 아바라아바라 바라아
바라 바라아바라 디따 디따 디리
디리 빠다빠다 선디가 시리예 사
바하

074 나모 사만다 못다남 아바라지 하
다사 사나남 다냐타 옴 카카 카혜
카혜 훔훔 아바라아바라 바라아
바라 바라아바라 디따 디따 디리
디리 빠다빠다 선디가 시리예 사
바하

075
나모 사만다 못다남 아바라지 하
다사 사나남 다냐타 옴 카카 카혜
카혜 훔훔 아바라아바라 바라아
바라 바라아바라 디따 디따 디리
디리 빠다빠다 선디가 시리예 사
바하

076
나모 사만다 못다남 아바라지 하
다사 사나남 다냐타 옴 카카 카혜
카혜 훔훔 아바라아바라 바라아
바라 바라아바라 디따 디따 디리
디리 빠다빠다 선디가 시리예 사
바하

077
나모 사만다 못다남 아바라지 하
다사 사나남 다냐타 옴 카카 카혜
카혜 훔훔 아바라아바라 바라아

바라 바라아바라 디따 디따 디리
디리 빠다빠다 선디가 시리예 사
바하

⁰⁷⁸ 나모 사만다 못다남 아바라지 하
다사 사나남 다냐타 옴 카카 카혜
카혜 훔훔 아바라아바라 바라아
바라 바라아바라 디따 디따 디리
디리 빠다빠다 선디가 시리예 사
바하

⁰⁷⁹ 나모 사만다 못다남 아바라지 하
다사 사나남 다냐타 옴 카카 카혜
카혜 훔훔 아바라아바라 바라아
바라 바라아바라 디따 디따 디리
디리 빠다빠다 선디가 시리예 사
바하

080 나모 사만다 못다남 아바라지 하
다사 사나남 다냐타 옴 카카 카혜
카혜 훔훔 아바라아바라 바라아
바라 바라아바라 디따 디따 디리
디리 빠다빠다 선디가 시리예 사
바하

081 나모 사만다 못다남 아바라지 하
다사 사나남 다냐타 옴 카카 카혜
카혜 훔훔 아바라아바라 바라아
바라 바라아바라 디따 디따 디리
디리 빠다빠다 선디가 시리예 사
바하

082 나모 사만다 못다남 아바라지 하
다사 사나남 다냐타 옴 카카 카혜
카혜 훔훔 아바라아바라 바라아

바라 바라아바라 디따 디따 디리
디리 빠다빠다 선디가 시리예 사
바하

083 나모 사만다 못다남 아바라지 하
다사 사나남 다냐타 옴 카카 카혜
카혜 훔훔 아바라아바라 바라아
바라 바라아바라 디따 디따 디리
디리 빠다빠다 선디가 시리예 사
바하

084 나모 사만다 못다남 아바라지 하
다사 사나남 다냐타 옴 카카 카혜
카혜 훔훔 아바라아바라 바라아
바라 바라아바라 디따 디따 디리
디리 빠다빠다 선디가 시리예 사
바하

085
나모 사만다 못다남 아바라지 하
다사 사나남 다냐타 옴 카카 카혜
카혜 훔훔 아바라아바라 바라아
바라 바라아바라 디따 디따 디리
디리 빠다빠다 선디가 시리예 사
바하

086
나모 사만다 못다남 아바라지 하
다사 사나남 다냐타 옴 카카 카혜
카혜 훔훔 아바라아바라 바라아
바라 바라아바라 디따 디따 디리
디리 빠다빠다 선디가 시리예 사
바하

087
나모 사만다 못다남 아바라지 하
다사 사나남 다냐타 옴 카카 카혜
카혜 훔훔 아바라아바라 바라아

바라 바라아바라 디따 디따 디리
디리 빠다빠다 선디가 시리에 사
바하

088 나모 사만다 못다남 아바라지 하
다사 사나남 다냐라 옴 카카 카혜
카혜 훔훔 아바라아바라 바라아
바라 바라아바라 디따 디따 디리
디리 빠다빠다 선디가 시리에 사
바하

089 나모 사만다 못다남 아바라지 하
다사 사나남 다냐라 옴 카카 카혜
카혜 훔훔 아바라아바라 바라아
바라 바라아바라 디따 디따 디리
디리 빠다빠다 선디가 시리에 사
바하

090 나모 사만다 못다남 아바라지 하
다사 사나남 다냐타 옴 카카 카혜
카혜 훔훔 아바라아바라 바라아
바라 바라아바라 디따 디따 디리
디리 빠다빠다 선디가 시리예 사
바하

091 나모 사만다 못다남 아바라지 하
다사 사나남 다냐타 옴 카카 카혜
카혜 훔훔 아바라아바라 바라아
바라 바라아바라 디따 디따 디리
디리 빠다빠다 선디가 시리예 사
바하

092 나모 사만다 못다남 아바라지 하
다사 사나남 다냐타 옴 카카 카혜
카혜 훔훔 아바라아바라 바라아

바라 바라아바라 디따 디따 디리
디리 빠다빠다 선디가 시리예 사
바하

093 나모 사만다 못다남 아바라지 하
다사 사나남 다냐타 옴 카카 카혜
카혜 훔훔 아바라아바라 바라아
바라 바라아바라 디따 디따 디리
디리 빠다빠다 선디가 시리예 사
바하

094 나모 사만다 못다남 아바라지 하
다사 사나남 다냐타 옴 카카 카혜
카혜 훔훔 아바라아바라 바라아
바라 바라아바라 디따 디따 디리
디리 빠다빠다 선디가 시리예 사
바하

095 나모 사만다 못다남 아바라지 하
다사 사나남 다냐타 옴 카카 카혜
카혜 훔훔 아바라아바라 바라아
바라 바라아바라 디따 디따 디리
디리 빠다빠다 선디가 시리에 사
바하

096 나모 사만다 못다남 아바라지 하
다사 사나남 다냐타 옴 카카 카혜
카혜 훔훔 아바라아바라 바라아
바라 바라아바라 디따 디따 디리
디리 빠다빠다 선디가 시리에 사
바하

097 나모 사만다 못다남 아바라지 하
다사 사나남 다냐타 옴 카카 카혜
카혜 훔훔 아바라아바라 바라아

바라 바라아바라 디따 디따 디리
디리 빠다빠다 선디가 시리예 사
바하

098 나모 사만다 못다남 아바라지 하
다사 사나남 다냐타 옴 카카 카혜
카혜 훔훔 아바라아바라 바라아
바라 바라아바라 디따 디따 디리
디리 빠다빠다 선디가 시리예 사
바하

099 나모 사만다 못다남 아바라지 하
다사 사나남 다냐타 옴 카카 카혜
카혜 훔훔 아바라아바라 바라아
바라 바라아바라 디따 디따 디리
디리 빠다빠다 선디가 시리예 사
바하

100 나모 사만다 못다남 아바라지 하
다사 사나남 다냐라 옴 카카 카혜
카혜 훔훔 아바라아바라 바라아
바라 바라아바라 디따 디따 디리
디리 빠다빠다 선디가 시리예 사
바하

101 나모 사만다 못다남 아바라지 하
다사 사나남 다냐라 옴 카카 카혜
카혜 훔훔 아바라아바라 바라아
바라 바라아바라 디따 디따 디리
디리 빠다빠다 선디가 시리예 사
바하

102 나모 사만다 못다남 아바라지 하
다사 사나남 다냐라 옴 카카 카혜
카혜 훔훔 아바라아바라 바라아

바라 바라아바라 디따 디따 디리
디리 빠다빠다 선디가 시리예 사
바하

103 나모 사만다 못다남 아바라지 하
다사 사나남 다냐타 옴 카카 카혜
카혜 훔훔 아바라아바라 바라아
바라 바라아바라 디따 디따 디리
디리 빠다빠다 선디가 시리예 사
바하

104 나모 사만다 못다남 아바라지 하
다사 사나남 다냐타 옴 카카 카혜
카혜 훔훔 아바라아바라 바라아
바라 바라아바라 디따 디따 디리
디리 빠다빠다 선디가 시리예 사
바하

105 나모 사만다 못다남 아바라지 하
다사 사나남 다냐타 옴 카카 카혜
카혜 훔훔 아바라아바라 바라아
바라 바라아바라 디따 디따 디리
디리 빠다빠다 선디가 시리예 사
바하

106 나모 사만다 못다남 아바라지 하
다사 사나남 다냐타 옴 카카 카혜
카혜 훔훔 아바라아바라 바라아
바라 바라아바라 디따 디따 디리
디리 빠다빠다 선디가 시리예 사
바하

107 나모 사만다 못다남 아바라지 하
다사 사나남 다냐타 옴 카카 카혜
카혜 훔훔 아바라아바라 바라아

바라 바라아바라 디따 디따 디리
디리 빠다빠다 선디가 시리예 사
바하

108 나모 사만다 못다남 아바라지 하
다사 사나남 다냐타 옴 카카 카혜
카혜 훔훔 아바라아바라 바라아
바라 바라아바라 디따 디따 디리
디리 빠다빠다 선디가 시리예 사
바하

109 나모 사만다 못다남 아바라지 하
다사 사나남 다냐타 옴 카카 카혜
카혜 훔훔 아바라아바라 바라아
바라 바라아바라 디따 디따 디리
디리 빠다빠다 선디가 시리예 사
바하

110 나모 사만다 못다남 아바라지 하
다사 사나남 다냐타 옴 카카 카혜
카혜 훔훔 아바라아바라 바라아
바라 바라아바라 디따 디따 디리
디리 빠다빠다 선디가 시리예 사
바하

111 나모 사만다 못다남 아바라지 하
다사 사나남 다냐타 옴 카카 카혜
카혜 훔훔 아바라아바라 바라아
바라 바라아바라 디따 디따 디리
디리 빠다빠다 선디가 시리예 사
바하

112 나모 사만다 못다남 아바라지 하
다사 사나남 다냐타 옴 카카 카혜
카혜 훔훔 아바라아바라 바라아

바라 바라아바라 디따 디따 디리
디리 빠다빠다 선디가 시리예 사
바하

113 나모 사만다 못다남 아바라지 하
다사 사나남 다냐타 옴 카카 카혜
카혜 훔훔 아바라아바라 바라아
바라 바라아바라 디따 디따 디리
디리 빠다빠다 선디가 시리예 사
바하

114 나모 사만다 못다남 아바라지 하
다사 사나남 다냐타 옴 카카 카혜
카혜 훔훔 아바라아바라 바라아
바라 바라아바라 디따 디따 디리
디리 빠다빠다 선디가 시리예 사
바하

115 나모 사만다 못다남 아바라지 하
다사 사나남 다냐타 옴 카카 카혜
카혜 훔훔 아바라아바라 바라아
바라 바라아바라 디따 디따 디리
디리 빠다빠다 선디가 시리예 사
바하

116 나모 사만다 못다남 아바라지 하
다사 사나남 다냐타 옴 카카 카혜
카혜 훔훔 아바라아바라 바라아
바라 바라아바라 디따 디따 디리
디리 빠다빠다 선디가 시리예 사
바하

117 나모 사만다 못다남 아바라지 하
다사 사나남 다냐타 옴 카카 카혜
카혜 훔훔 아바라아바라 바라아

바라 바라아바라 디따 디따 디리
디리 빠다빠다 선디가 시리예 사
바하

118 나모 사만다 못다남 아바라지 하
다사 사나남 다냐타 옴 카카 카혜
카혜 훔훔 아바라아바라 바라아
바라 바라아바라 디따 디따 디리
디리 빠다빠다 선디가 시리예 사
바하

119 나모 사만다 못다남 아바라지 하
다사 사나남 다냐타 옴 카카 카혜
카혜 훔훔 아바라아바라 바라아
바라 바라아바라 디따 디따 디리
디리 빠다빠다 선디가 시리예 사
바하

120 나모 사만다 못다남 아바라지 하
다사 사나남 다냐타 옴 카카 카헤
카헤 훔훔 아바라아바라 바라아
바라 바라아바라 디따 디따 디리
디리 빠다빠다 선디가 시리예 사
바하

121 나모 사만다 못다남 아바라지 하
다사 사나남 다냐타 옴 카카 카헤
카헤 훔훔 아바라아바라 바라아
바라 바라아바라 디따 디따 디리
디리 빠다빠다 선디가 시리예 사
바하

122 나모 사만다 못다남 아바라지 하
다사 사나남 다냐타 옴 카카 카헤
카헤 훔훔 아바라아바라 바라아

바라 바라아바라 디따 디따 디리
디리 빠다빠다 선디가 시리에 사
바하

123 나모 사만다 못다남 아바라지 하
다사 사나남 다냐타 옴 카카 카혜
카혜 훔훔 아바라아바라 바라아
바라 바라아바라 디따 디따 디리
디리 빠다빠다 선디가 시리에 사
바하

124 나모 사만다 못다남 아바라지 하
다사 사나남 다냐타 옴 카카 카혜
카혜 훔훔 아바라아바라 바라아
바라 바라아바라 디따 디따 디리
디리 빠다빠다 선디가 시리에 사
바하

125 나모 사만다 못다남 아바라지 하
다사 사나남 다냐타 옴 카카 카혜
카혜 훔훔 아바라아바라 바라아
바라 바라아바라 디따 디따 디리
디리 빠다빠다 선디가 시리예 사
바하

126 나모 사만다 못다남 아바라지 하
다사 사나남 다냐타 옴 카카 카혜
카혜 훔훔 아바라아바라 바라아
바라 바라아바라 디따 디따 디리
디리 빠다빠다 선디가 시리예 사
바하

127 나모 사만다 못다남 아바라지 하
다사 사나남 다냐타 옴 카카 카혜
카혜 훔훔 아바라아바라 바라아

바라 바라아바라 디따 디따 디리
디리 빠다빠다 선디가 시리예 사
바하

¹²⁸ 나모 사만다 못다남 아바라지 하
다사 사나남 다냐타 옴 카카 카혜
카혜 훔훔 아바라아바라 바라아
바라 바라아바라 디따 디따 디리
디리 빠다빠다 선디가 시리예 사
바하

¹²⁹ 나모 사만다 못다남 아바라지 하
다사 사나남 다냐타 옴 카카 카혜
카혜 훔훔 아바라아바라 바라아
바라 바라아바라 디따 디따 디리
디리 빠다빠다 선디가 시리예 사
바하

130 나모 사만다 못다남 아바라지 하
다사 사나남 다냐라 옴 카카 카혜
카혜 훔훔 아바라아바라 바라아
바라 바라아바라 디따 디따 디리
디리 빠다빠다 선디가 시리예 사
바하

131 나모 사만다 못다남 아바라지 하
다사 사나남 다냐라 옴 카카 카혜
카혜 훔훔 아바라아바라 바라아
바라 바라아바라 디따 디따 디리
디리 빠다빠다 선디가 시리예 사
바하

132 나모 사만다 못다남 아바라지 하
다사 사나남 다냐라 옴 카카 카혜
카혜 훔훔 아바라아바라 바라아

바라 바라아바라 디따 디따 디리
디리 빠다빠다 선디가 시리예 사
바하

¹³³ 나모 사만다 못다남 아바라지 하
다사 사나남 다냐타 옴 카카 카혜
카혜 훔훔 아바라아바라 바라아
바라 바라아바라 디따 디따 디리
디리 빠다빠다 선디가 시리예 사
바하

¹³⁴ 나모 사만다 못다남 아바라지 하
다사 사나남 다냐타 옴 카카 카혜
카혜 훔훔 아바라아바라 바라아
바라 바라아바라 디따 디따 디리
디리 빠다빠다 선디가 시리예 사
바하

135 나모 사만다 못다남 아바라지 하
다사 사나남 다냐타 옴 카카 카혜
카혜 훔훔 아바라아바라 바라아
바라 바라아바라 디따 디따 디리
디리 빠다빠다 선디가 시리예 사
바하

136 나모 사만다 못다남 아바라지 하
다사 사나남 다냐타 옴 카카 카혜
카혜 훔훔 아바라아바라 바라아
바라 바라아바라 디따 디따 디리
디리 빠다빠다 선디가 시리예 사
바하

137 나모 사만다 못다남 아바라지 하
다사 사나남 다냐타 옴 카카 카혜
카혜 훔훔 아바라아바라 바라아

바라 바라아바라 디따 디따 디리
디리 빠다빠다 선디가 시리예 사
바하

138 나모 사만다 못다남 아바라지 하
다사 사나남 다냐타 옴 카카 카혜
카혜 훔훔 아바라아바라 바라아
바라 바라아바라 디따 디따 디리
디리 빠다빠다 선디가 시리예 사
바하

139 나모 사만다 못다남 아바라지 하
다사 사나남 다냐타 옴 카카 카혜
카혜 훔훔 아바라아바라 바라아
바라 바라아바라 디따 디따 디리
디리 빠다빠다 선디가 시리예 사
바하

140 나모 사만다 못다남 아바라지 하
다사 사나남 다냐타 옴 카카 카혜
카혜 훔훔 아바라아바라 바라아
바라 바라아바라 디따 디따 디리
디리 빠다빠다 선디가 시리예 사
바하

141 나모 사만다 못다남 아바라지 하
다사 사나남 다냐타 옴 카카 카혜
카혜 훔훔 아바라아바라 바라아
바라 바라아바라 디따 디따 디리
디리 빠다빠다 선디가 시리예 사
바하

142 나모 사만다 못다남 아바라지 하
다사 사나남 다냐타 옴 카카 카혜
카혜 훔훔 아바라아바라 바라아

바라 바라아바라 디따 디따 디리
디리 빠다빠다 선디가 시리예 사
바하

143 나모 사만다 못다남 아바라지 하
다사 사나남 다냐타 옴 카카 카혜
카혜 훔훔 아바라아바라 바라아
바라 바라아바라 디따 디따 디리
디리 빠다빠다 선디가 시리예 사
바하

144 나모 사만다 못다남 아바라지 하
다사 사나남 다냐타 옴 카카 카혜
카혜 훔훔 아바라아바라 바라아
바라 바라아바라 디따 디따 디리
디리 빠다빠다 선디가 시리예 사
바하

145 나모 사만다 못다남 아바라지 하
다사 사나남 다냐라 옴 카카 카혜
카혜 훔훔 아바라아바라 바라아
바라 바라아바라 디따 디따 디리
디리 빠다빠다 선디가 시리예 사
바하

146 나모 사만다 못다남 아바라지 하
다사 사나남 다냐라 옴 카카 카혜
카혜 훔훔 아바라아바라 바라아
바라 바라아바라 디따 디따 디리
디리 빠다빠다 선디가 시리예 사
바하

147 나모 사만다 못다남 아바라지 하
다사 사나남 다냐라 옴 카카 카혜
카혜 훔훔 아바라아바라 바라아

바라 바라아바라 디따 디따 디리
디리 빠다빠다 선디가 시리예 사
바하

148 나모 사만다 못다남 아바라지 하
다사 사나남 다냐타 옴 카카 카혜
카혜 훔훔 아바라아바라 바라아
바라 바라아바라 디따 디따 디리
디리 빠다빠다 선디가 시리예 사
바하

149 나모 사만다 못다남 아바라지 하
다사 사나남 다냐타 옴 카카 카혜
카혜 훔훔 아바라아바라 바라아
바라 바라아바라 디따 디따 디리
디리 빠다빠다 선디가 시리예 사
바하

150 나모 사만다 못다남 아바라지 하
다사 사나남 다냐타 옴 카카 카혜
카혜 훔훔 아바라아바라 바라아
바라 바라아바라 디따 디따 디리
디리 빠다빠다 선디가 시리예 사
바하

151 나모 사만다 못다남 아바라지 하
다사 사나남 다냐타 옴 카카 카혜
카혜 훔훔 아바라아바라 바라아
바라 바라아바라 디따 디따 디리
디리 빠다빠다 선디가 시리예 사
바하

152 나모 사만다 못다남 아바라지 하
다사 사나남 다냐타 옴 카카 카혜
카혜 훔훔 아바라아바라 바라아

바라 바라아바라 디따 디따 디리
디리 빠다빠다 선디가 시리예 사
바하

153 나모 사만다 못다남 아바라지 하
다사 사나남 다냐타 옴 카카 카혜
카혜 훔훔 아바라아바라 바라아
바라 바라아바라 디따 디따 디리
디리 빠다빠다 선디가 시리예 사
바하

154 나모 사만다 못다남 아바라지 하
다사 사나남 다냐타 옴 카카 카혜
카혜 훔훔 아바라아바라 바라아
바라 바라아바라 디따 디따 디리
디리 빠다빠다 선디가 시리예 사
바하

155 나모 사만다 못다남 아바라지 하
다사 사나남 다냐타 옴 카카 카혜
카혜 훔훔 아바라아바라 바라아
바라 바라아바라 디따 디따 디리
디리 빠다빠다 선디가 시리에 사
바하

156 나모 사만다 못다남 아바라지 하
다사 사나남 다냐타 옴 카카 카혜
카혜 훔훔 아바라아바라 바라아
바라 바라아바라 디따 디따 디리
디리 빠다빠다 선디가 시리에 사
바하

157 나모 사만다 못다남 아바라지 하
다사 사나남 다냐타 옴 카카 카혜
카혜 훔훔 아바라아바라 바라아

바라 바라아바라 디따 디따 디리
디리 빠다빠다 선디가 시리예 사
바하

158 나모 사만다 못다남 아바라지 하
다사 사나남 다냐타 옴 카카 카혜
카혜 훔훔 아바라아바라 바라아
바라 바라아바라 디따 디따 디리
디리 빠다빠다 선디가 시리예 사
바하

159 나모 사만다 못다남 아바라지 하
다사 사나남 다냐타 옴 카카 카혜
카혜 훔훔 아바라아바라 바라아
바라 바라아바라 디따 디따 디리
디리 빠다빠다 선디가 시리예 사
바하

160 나모 사만다 못다남 아바라지 하
다사 사나남 다냐타 옴 카카 카혜
카혜 훔훔 아바라아바라 바라아
바라 바라아바라 디따 디따 디리
디리 빠다빠다 선디가 시리예 사
바하

161 나모 사만다 못다남 아바라지 하
다사 사나남 다냐타 옴 카카 카혜
카혜 훔훔 아바라아바라 바라아
바라 바라아바라 디따 디따 디리
디리 빠다빠다 선디가 시리예 사
바하

162 나모 사만다 못다남 아바라지 하
다사 사나남 다냐타 옴 카카 카혜
카혜 훔훔 아바라아바라 바라아

바라 바라아바라 디따 디따 디리
디리 빠다빠다 선디가 시리예 사
바하

163 나모 사만다 못다남 아바라지 하
다사 사나남 다냐타 옴 카카 카혜
카혜 훔훔 아바라아바라 바라아
바라 바라아바라 디따 디따 디리
디리 빠다빠다 선디가 시리예 사
바하

164 나모 사만다 못다남 아바라지 하
다사 사나남 다냐타 옴 카카 카혜
카혜 훔훔 아바라아바라 바라아
바라 바라아바라 디따 디따 디리
디리 빠다빠다 선디가 시리예 사
바하

165 나모 사만다 못다남 아바라지 하
다사 사나남 다냐타 옴 카카 카혜
카혜 훔훔 아바라아바라 바라아
바라 바라아바라 디따 디따 디리
디리 빠다빠다 선디가 시리예 사
바하

166 나모 사만다 못다남 아바라지 하
다사 사나남 다냐타 옴 카카 카혜
카혜 훔훔 아바라아바라 바라아
바라 바라아바라 디따 디따 디리
디리 빠다빠다 선디가 시리예 사
바하

167 나모 사만다 못다남 아바라지 하
다사 사나남 다냐타 옴 카카 카혜
카혜 훔훔 아바라아바라 바라아

바라 바라아바라 디따 디따 디리
디리 빠다빠다 선디가 시리예 사
바하

168 나모 사만다 못다남 아바라지 하
다사 사나남 다냐타 옴 카카 카혜
카혜 훔훔 아바라아바라 바라아
바라 바라아바라 디따 디따 디리
디리 빠다빠다 선디가 시리예 사
바하

169 나모 사만다 못다남 아바라지 하
다사 사나남 다냐타 옴 카카 카혜
카혜 훔훔 아바라아바라 바라아
바라 바라아바라 디따 디따 디리
디리 빠다빠다 선디가 시리예 사
바하

170 나모 사만다 못다남 아바라지 하
다사 사나남 다냐타 옴 카카 카혜
카혜 훔훔 아바라아바라 바라아
바라 바라아바라 디따 디따 디리
디리 빠다빠다 선디가 시리예 사
바하

171 나모 사만다 못다남 아바라지 하
다사 사나남 다냐타 옴 카카 카혜
카혜 훔훔 아바라아바라 바라아
바라 바라아바라 디따 디따 디리
디리 빠다빠다 선디가 시리예 사
바하

172 나모 사만다 못다남 아바라지 하
다사 사나남 다냐타 옴 카카 카혜
카혜 훔훔 아바라아바라 바라아

바라 바라아바라 디따 디따 디리
디리 빠다빠다 선디가 시리예 사
바하

173 나모 사만다 못다남 아바라지 하
다사 사나남 다냐타 옴 카카 카혜
카혜 훔훔 아바라아바라 바라아
바라 바라아바라 디따 디따 디리
디리 빠다빠다 선디가 시리예 사
바하

174 나모 사만다 못다남 아바라지 하
다사 사나남 다냐타 옴 카카 카혜
카혜 훔훔 아바라아바라 바라아
바라 바라아바라 디따 디따 디리
디리 빠다빠다 선디가 시리예 사
바하

175 나모 사만다 못다남 아바라지 하
다사 사나남 다냐타 옴 카카 카혜
카혜 훔훔 아바라아바라 바라아
바라 바라아바라 디따 디따 디리
디리 빠다빠다 선디가 시리예 사
바하

176 나모 사만다 못다남 아바라지 하
다사 사나남 다냐타 옴 카카 카혜
카혜 훔훔 아바라아바라 바라아
바라 바라아바라 디따 디따 디리
디리 빠다빠다 선디가 시리예 사
바하

177 나모 사만다 못다남 아바라지 하
다사 사나남 다냐타 옴 카카 카혜
카혜 훔훔 아바라아바라 바라아

바라 바라아바라 디따 디따 디리
디리 빠다빠다 선디가 시리예 사
바하

178 나모 사만다 못다남 아바라지 하
다사 사나남 다냐타 옴 카카 카혜
카혜 훔훔 아바라아바라 바라아
바라 바라아바라 디따 디따 디리
디리 빠다빠다 선디가 시리예 사
바하

179 나모 사만다 못다남 아바라지 하
다사 사나남 다냐타 옴 카카 카혜
카혜 훔훔 아바라아바라 바라아
바라 바라아바라 디따 디따 디리
디리 빠다빠다 선디가 시리예 사
바하

180 나모 사만다 못다남 아바라지 하
다사 사나남 다냐타 옴 카카 카혜
카혜 훔훔 아바라아바라 바라아
바라 바라아바라 디따 디따 디리
디리 빠다빠다 선디가 시리예 사
바하

181 나모 사만다 못다남 아바라지 하
다사 사나남 다냐타 옴 카카 카혜
카혜 훔훔 아바라아바라 바라아
바라 바라아바라 디따 디따 디리
디리 빠다빠다 선디가 시리예 사
바하

182 나모 사만다 못다남 아바라지 하
다사 사나남 다냐타 옴 카카 카혜
카혜 훔훔 아바라아바라 바라아

바라 바라아바라 디따 디따 디리
디리 빠다빠다 선디가 시리에 사
바하

183 나모 사만다 못다남 아바라지 하
다사 사나남 다냐타 옴 카카 카혜
카혜 훔훔 아바라아바라 바라아
바라 바라아바라 디따 디따 디리
디리 빠다빠다 선디가 시리에 사
바하

184 나모 사만다 못다남 아바라지 하
다사 사나남 다냐타 옴 카카 카혜
카혜 훔훔 아바라아바라 바라아
바라 바라아바라 디따 디따 디리
디리 빠다빠다 선디가 시리에 사
바하

185 나모 사만다 못다남 아바라지 하
다사 사나남 다냐타 옴 카카 카혜
카혜 훔훔 아바라아바라 바라아
바라 바라아바라 디따 디따 디리
디리 빠다빠다 선디가 시리예 사
바하

186 나모 사만다 못다남 아바라지 하
다사 사나남 다냐타 옴 카카 카혜
카혜 훔훔 아바라아바라 바라아
바라 바라아바라 디따 디따 디리
디리 빠다빠다 선디가 시리예 사
바하

187 나모 사만다 못다남 아바라지 하
다사 사나남 다냐타 옴 카카 카혜
카혜 훔훔 아바라아바라 바라아

바라 바라아바라 디따 디따 디리
디리 빠다빠다 선디가 시리예 사
바하

188 나모 사만다 못다남 아바라지 하
다사 사나남 다냐타 옴 카카 카혜
카혜 훔훔 아바라아바라 바라아
바라 바라아바라 디따 디따 디리
디리 빠다빠다 선디가 시리예 사
바하

189 나모 사만다 못다남 아바라지 하
다사 사나남 다냐타 옴 카카 카혜
카혜 훔훔 아바라아바라 바라아
바라 바라아바라 디따 디따 디리
디리 빠다빠다 선디가 시리예 사
바하

190 나모 사만다 못다남 아바라지 하
다사 사나남 다냐타 옴 카카 카혜
카혜 훔훔 아바라아바라 바라아
바라 바라아바라 디따 디따 디리
디리 빠다빠다 선디가 시리예 사
바하

191 나모 사만다 못다남 아바라지 하
다사 사나남 다냐타 옴 카카 카혜
카혜 훔훔 아바라아바라 바라아
바라 바라아바라 디따 디따 디리
디리 빠다빠다 선디가 시리예 사
바하

192 나모 사만다 못다남 아바라지 하
다사 사나남 다냐타 옴 카카 카혜
카혜 훔훔 아바라아바라 바라아

바라 바라아바라 디따 디따 디리
디리 빠다빠다 선디가 시리예 사
바하

193 나모 사만다 못다남 아바라지 하
다사 사나남 다냐타 옴 카카 카혜
카혜 훔훔 아바라아바라 바라아
바라 바라아바라 디따 디따 디리
디리 빠다빠다 선디가 시리예 사
바하

194 나모 사만다 못다남 아바라지 하
다사 사나남 다냐타 옴 카카 카혜
카혜 훔훔 아바라아바라 바라아
바라 바라아바라 디따 디따 디리
디리 빠다빠다 선디가 시리예 사
바하

195 나모 사만다 못다남 아바라지 하
다사 사나남 다냐타 옴 카카 카혜
카혜 훔훔 아바라아바라 바라아
바라 바라아바라 디따 디따 디리
디리 빠다빠다 선디가 시리예 사
바하

196 나모 사만다 못다남 아바라지 하
다사 사나남 다냐타 옴 카카 카혜
카혜 훔훔 아바라아바라 바라아
바라 바라아바라 디따 디따 디리
디리 빠다빠다 선디가 시리예 사
바하

197 나모 사만다 못다남 아바라지 하
다사 사나남 다냐타 옴 카카 카혜
카혜 훔훔 아바라아바라 바라아

바라 바라아바라 디따 디따 디리
디리 빠다빠다 선디가 시리예 사
바하

198 나모 사만다 못다남 아바라지 하
다사 사나남 다냐타 옴 카카 카혜
카혜 훔훔 아바라아바라 바라아
바라 바라아바라 디따 디따 디리
디리 빠다빠다 선디가 시리예 사
바하

199 나모 사만다 못다남 아바라지 하
다사 사나남 다냐타 옴 카카 카혜
카혜 훔훔 아바라아바라 바라아
바라 바라아바라 디따 디따 디리
디리 빠다빠다 선디가 시리예 사
바하

200
나모 사만다 못다남 아바라지 하
다사 사나남 다냐타 옴 카카 카혜
카혜 훔훔 아바라아바라 바라아
바라 바라아바라 디따 디따 디리
디리 빠다빠다 선디가 시리예 사
바하

201
나모 사만다 못다남 아바라지 하
다사 사나남 다냐타 옴 카카 카혜
카혜 훔훔 아바라아바라 바라아
바라 바라아바라 디따 디따 디리
디리 빠다빠다 선디가 시리예 사
바하

202
나모 사만다 못다남 아바라지 하
다사 사나남 다냐타 옴 카카 카혜
카혜 훔훔 아바라아바라 바라아

바라 바라아바라 디따 디따 디리
디리 빠다빠다 선디가 시리예 사
바하

203 나모 사만다 못다남 아바라지 하
다사 사나남 다냐타 옴 카카 카혜
카혜 훔훔 아바라아바라 바라아
바라 바라아바라 디따 디따 디리
디리 빠다빠다 선디가 시리예 사
바하

204 나모 사만다 못다남 아바라지 하
다사 사나남 다냐타 옴 카카 카혜
카혜 훔훔 아바라아바라 바라아
바라 바라아바라 디따 디따 디리
디리 빠다빠다 선디가 시리예 사
바하

205 나모 사만다 못다남 아바라지 하
다사 사나남 다냐타 옴 카카 카혜
카혜 훔훔 아바라아바라 바라아
바라 바라아바라 디따 디따 디리
디리 빠다빠다 선디가 시리예 사
바하

206 나모 사만다 못다남 아바라지 하
다사 사나남 다냐타 옴 카카 카혜
카혜 훔훔 아바라아바라 바라아
바라 바라아바라 디따 디따 디리
디리 빠다빠다 선디가 시리예 사
바하

207 나모 사만다 못다남 아바라지 하
다사 사나남 다냐타 옴 카카 카혜
카혜 훔훔 아바라아바라 바라아

바라 바라아바라 디따 디따 디리
디리 빠다빠다 선디가 시리예 사
바하

208 나모 사만다 못다남 아바라지 하
다사 사나남 다냐타 옴 카카 카혜
카혜 훔훔 아바라아바라 바라아
바라 바라아바라 디따 디따 디리
디리 빠다빠다 선디가 시리예 사
바하

209 나모 사만다 못다남 아바라지 하
다사 사나남 다냐타 옴 카카 카혜
카혜 훔훔 아바라아바라 바라아
바라 바라아바라 디따 디따 디리
디리 빠다빠다 선디가 시리예 사
바하

210 나모 사만다 못다남 아바라지 하
다사 사나남 다냐타 옴 카카 카혜
카혜 훔훔 아바라아바라 바라아
바라 바라아바라 디따 디따 디리
디리 빠다빠다 선디가 시리에 사
바하

211 나모 사만다 못다남 아바라지 하
다사 사나남 다냐타 옴 카카 카혜
카혜 훔훔 아바라아바라 바라아
바라 바라아바라 디따 디따 디리
디리 빠다빠다 선디가 시리에 사
바하

212 나모 사만다 못다남 아바라지 하
다사 사나남 다냐타 옴 카카 카혜
카혜 훔훔 아바라아바라 바라아

바라 바라아바라 디따 디따 디리
디리 빠다빠다 선디가 시리예 사
바하

213 나모 사만다 못다남 아바라지 하
다사 사나남 다냐타 옴 카카 카혜
카혜 훔훔 아바라아바라 바라아
바라 바라아바라 디따 디따 디리
디리 빠다빠다 선디가 시리예 사
바하

214 나모 사만다 못다남 아바라지 하
다사 사나남 다냐타 옴 카카 카혜
카혜 훔훔 아바라아바라 바라아
바라 바라아바라 디따 디따 디리
디리 빠다빠다 선디가 시리예 사
바하

215 나모 사만다 못다남 아바라지 하
다사 사나남 다냐타 옴 카카 카혜
카혜 훔훔 아바라아바라 바라아
바라 바라아바라 디따 디따 디리
디리 빠다빠다 선디가 시리예 사
바하

216 나모 사만다 못다남 아바라지 하
다사 사나남 다냐타 옴 카카 카혜
카혜 훔훔 아바라아바라 바라아
바라 바라아바라 디따 디따 디리
디리 빠다빠다 선디가 시리예 사
바하

217 나모 사만다 못다남 아바라지 하
다사 사나남 다냐타 옴 카카 카혜
카혜 훔훔 아바라아바라 바라아

바라 바라아바라 디따 디따 디리
디리 빠다빠다 선디가 시리예 사
바하

218 나모 사만다 못다남 아바라지 하
다사 사나남 다냐타 옴 카카 카혜
카혜 훔훔 아바라아바라 바라아
바라 바라아바라 디따 디따 디리
디리 빠다빠다 선디가 시리예 사
바하

219 나모 사만다 못다남 아바라지 하
다사 사나남 다냐타 옴 카카 카혜
카혜 훔훔 아바라아바라 바라아
바라 바라아바라 디따 디따 디리
디리 빠다빠다 선디가 시리예 사
바하

220 나모 사만다 못다남 아바라지 하
다사 사나남 다냐타 옴 카카 카혜
카혜 훔훔 아바라아바라 바라아
바라 바라아바라 디따 디따 디리
디리 빠다빠다 선디가 시리예 사
바하

221 나모 사만다 못다남 아바라지 하
다사 사나남 다냐타 옴 카카 카혜
카혜 훔훔 아바라아바라 바라아
바라 바라아바라 디따 디따 디리
디리 빠다빠다 선디가 시리예 사
바하

222 나모 사만다 못다남 아바라지 하
다사 사나남 다냐타 옴 카카 카혜
카혜 훔훔 아바라아바라 바라아

바라 바라아바라 디따 디따 디리
디리 빠다빠다 선디가 시리예 사
바하

223 나모 사만다 못다남 아바라지 하
다사 사나남 다냐타 옴 카카 카혜
카혜 훔훔 아바라아바라 바라아
바라 바라아바라 디따 디따 디리
디리 빠다빠다 선디가 시리예 사
바하

224 나모 사만다 못다남 아바라지 하
다사 사나남 다냐타 옴 카카 카혜
카혜 훔훔 아바라아바라 바라아
바라 바라아바라 디따 디따 디리
디리 빠다빠다 선디가 시리예 사
바하

225 나모 사만다 못다남 아바라지 하
다사 사나남 다냐타 옴 카카 카헤
카헤 훔훔 아바라아바라 바라아
바라 바라아바라 디따 디따 디리
디리 빠다빠다 선디가 시리예 사
바하

226 나모 사만다 못다남 아바라지 하
다사 사나남 다냐타 옴 카카 카헤
카헤 훔훔 아바라아바라 바라아
바라 바라아바라 디따 디따 디리
디리 빠다빠다 선디가 시리예 사
바하

227 나모 사만다 못다남 아바라지 하
다사 사나남 다냐타 옴 카카 카헤
카헤 훔훔 아바라아바라 바라아

바라 바라아바라 디따 디따 디리
디리 빠다빠다 선디가 시리예 사
바하

228 나모 사만다 못다남 아바라지 하
다사 사나남 다냐타 옴 카카 카혜
카혜 훔훔 아바라아바라 바라아
바라 바라아바라 디따 디따 디리
디리 빠다빠다 선디가 시리예 사
바하

229 나모 사만다 못다남 아바라지 하
다사 사나남 다냐타 옴 카카 카혜
카혜 훔훔 아바라아바라 바라아
바라 바라아바라 디따 디따 디리
디리 빠다빠다 선디가 시리예 사
바하

230 나모 사만다 못다남 아바라지 하
다사 사나남 다냐타 옴 카카 카혜
카혜 훔훔 아바라아바라 바라아
바라 바라아바라 디따 디따 디리
디리 빠다빠다 선디가 시리예 사
바하

231 나모 사만다 못다남 아바라지 하
다사 사나남 다냐타 옴 카카 카혜
카혜 훔훔 아바라아바라 바라아
바라 바라아바라 디따 디따 디리
디리 빠다빠다 선디가 시리예 사
바하

232 나모 사만다 못다남 아바라지 하
다사 사나남 다냐타 옴 카카 카혜
카혜 훔훔 아바라아바라 바라아

바라 바라아바라 디따 디따 디리
디리 빠다빠다 선디가 시리예 사
바하

233 나모 사만다 못다남 아바라지 하
다사 사나남 다냐타 옴 카카 카혜
카혜 훔훔 아바라아바라 바라아
바라 바라아바라 디따 디따 디리
디리 빠다빠다 선디가 시리예 사
바하

234 나모 사만다 못다남 아바라지 하
다사 사나남 다냐타 옴 카카 카혜
카혜 훔훔 아바라아바라 바라아
바라 바라아바라 디따 디따 디리
디리 빠다빠다 선디가 시리예 사
바하

235 나모 사만다 못다남 아바라지 하
다사 사나남 다냐타 옴 카카 카혜
카혜 훔훔 아바라아바라 바라아
바라 바라아바라 디따 디따 디리
디리 빠다빠다 선디가 시리예 사
바하

236 나모 사만다 못다남 아바라지 하
다사 사나남 다냐타 옴 카카 카혜
카혜 훔훔 아바라아바라 바라아
바라 바라아바라 디따 디따 디리
디리 빠다빠다 선디가 시리예 사
바하

237 나모 사만다 못다남 아바라지 하
다사 사나남 다냐타 옴 카카 카혜
카혜 훔훔 아바라아바라 바라아

바라 바라아바라 디따 디따 디리
디리 빠다빠다 선디가 시리예 사
바하

238 나모 사만다 못다남 아바라지 하
다사 사나남 다냐타 옴 카카 카혜
카혜 훔훔 아바라아바라 바라아
바라 바라아바라 디따 디따 디리
디리 빠다빠다 선디가 시리예 사
바하

239 나모 사만다 못다남 아바라지 하
다사 사나남 다냐타 옴 카카 카혜
카혜 훔훔 아바라아바라 바라아
바라 바라아바라 디따 디따 디리
디리 빠다빠다 선디가 시리예 사
바하

240 나모 사만다 못다남 아바라지 하
다사 사나남 다냐타 옴 카카 카혜
카혜 훔훔 아바라아바라 바라아
바라 바라아바라 디따 디따 디리
디리 빠다빠다 선디가 시리예 사
바하

241 나모 사만다 못다남 아바라지 하
다사 사나남 다냐타 옴 카카 카혜
카혜 훔훔 아바라아바라 바라아
바라 바라아바라 디따 디따 디리
디리 빠다빠다 선디가 시리예 사
바하

242 나모 사만다 못다남 아바라지 하
다사 사나남 다냐타 옴 카카 카혜
카혜 훔훔 아바라아바라 바라아

바라 바라아바라 디따 디따 디리
디리 빠다빠다 선디가 시리예 사
바하

243 나모 사만다 못다남 아바라지 하
다사 사나남 다냐타 옴 카카 카혜
카혜 훔훔 아바라아바라 바라아
바라 바라아바라 디따 디따 디리
디리 빠다빠다 선디가 시리예 사
바하

244 나모 사만다 못다남 아바라지 하
다사 사나남 다냐타 옴 카카 카혜
카혜 훔훔 아바라아바라 바라아
바라 바라아바라 디따 디따 디리
디리 빠다빠다 선디가 시리예 사
바하

245 나모 사만다 못다남 아바라지 하
다사 사나남 다냐타 옴 카카 카혜
카혜 훔훔 아바라아바라 바라아
바라 바라아바라 디따 디따 디리
디리 빠다빠다 선디가 시리예 사
바하

246 나모 사만다 못다남 아바라지 하
다사 사나남 다냐타 옴 카카 카혜
카혜 훔훔 아바라아바라 바라아
바라 바라아바라 디따 디따 디리
디리 빠다빠다 선디가 시리예 사
바하

247 나모 사만다 못다남 아바라지 하
다사 사나남 다냐타 옴 카카 카혜
카혜 훔훔 아바라아바라 바라아

바라 바라아바라 디따 디따 디리
디리 빠다빠다 선디가 시리예 사
바하

248 나모 사만다 못다남 아바라지 하
다사 사나남 다냐타 옴 카카 카혜
카혜 훔훔 아바라아바라 바라아
바라 바라아바라 디따 디따 디리
디리 빠다빠다 선디가 시리예 사
바하

249 나모 사만다 못다남 아바라지 하
다사 사나남 다냐타 옴 카카 카혜
카혜 훔훔 아바라아바라 바라아
바라 바라아바라 디따 디따 디리
디리 빠다빠다 선디가 시리예 사
바하

250 나모 사만다 못다남 아바라지 하
다사 사나남 다냐타 옴 카카 카혜
카혜 훔훔 아바라아바라 바라아
바라 바라아바라 디따 디따 디리
디리 빠다빠다 선디가 시리예 사
바하

보회향진언

옴 삼마라 삼마라 미만나 사라마
하 자가라바 훔

사경 끝난 날 : 불기 _____ 년 ____ 월 ____ 일

다라니(진언) 사경 9

재앙을 소멸하고 복을 부르는 진언

초판 1쇄 발행 2014년 12월 12일 | **초판 3쇄 발행** 2021년 10월 18일
엮은이 편집부 | **펴낸이** 김시열
펴낸곳 도서출판 운주사

(02832) 서울시 성북구 동소문로 67-1번지 성심빌딩 3층

전화 (02) 926-8361 | 팩스 (0505) 115-8361

ISBN 978-89-5746-400-7 04220　값 5,000원
ISBN 978-89-5746-405-2 (세트)